POINT

DE

PROVISOIRE.

PAR M. DINOCOURT.

PRIX : 75 CENT.

A PARIS,

CHEZ LES LIBRAIRES DU PALAIS-ROYAL.

—

1830.

PARIS

POINT

DE PROVISOIRE.

Pour la seconde fois en France la liberté vient d'étouffer dans ses étreintes l'hydre de la tyrannie : on ne la verra plus reparaître. Honneur et reconnaissance à ceux qui n'ont pas craint de s'engager dans cette terrible lutte pendant les quinze années qui viennent de s'écouler! Honneur aux écrivains patriotiques qui ont entretenu chez le peuple les idées généreuses à la source desquelles il a puisé son courage et sa force pour remporter une si noble victoire!

La nation française est désormais invincible, puisque les droits et la dignité de l'homme sont partout chez elle si bien compris, puisque l'on a pu voir la modération, l'héroïsme et le désintéressement briller de tant d'éclat chez des hommes auxquels d'injustes et orgueilleux préjugés attribuaient précisément tous les vices les plus opposés à ces sublimes vertus.

La classe ouvrière s'est conduite dans ces grandes

circonstances de manière à fixer sur elle l'admiration des étrangers qui se trouvaient à Paris aux funestes journées qui lui virent signaler si hautement son patriotisme ; ils en remporteront chez eux une idée qui relèvera la France de l'opinion si peu honorable que l'Europe avait fini par en prendre, grâce à la lâcheté des ministres dont s'était constamment entouré Charles X. Nous avons vu, pourront-ils dire, non un peuple de rois, mais, ce qui vaut sans doute mieux, un peuple de héros, combattant et mourant pour la liberté, et qui ont effacé par la beauté de leurs actions ce que les républiques de Rome et d'Athènes citent de plus glorieux dans leurs annales du dévouement de leurs citoyens à la patrie.

Curtius, Aristide, Scipion et Léonidas, tous ces héros si vantés de l'antiquité, se retrouvaient là sous la veste du plus pauvre ouvrier comme sous l'habit du plus jeune étudiant, ou plutôt leurs vertus animaient tous ces combattans.

Celui-ci, pour frayer un passage à ses frères, se précipitait sans armes sur une bouche à feu, et recevait la mort en criant liberté ; celui-là, chose plus difficile à pratiquer encore peut-être, imposant silence à ses ressentimens et aux cruelles inspirations d'un champ de bataille tout jonché de ses parens et de ses amis les plus chers, criait merci pour les vaincus, et les couvrait de son

corps pour les défendre. Une mère armait ses enfans, une fille vengeait son père, une femme son
mari, en s'occupant encore moins de la perte
d'objets si chers que du succès de la cause qui
les avait fait courir au combat. C'était plus que
de l'enthousiasme, c'était du fanatisme ; mais
d'où jaillissaient des milliers de traits touchans
et sublimes, qui prouvent que cette nation n'est
pas seulement la plus belliqueuse du monde,
qu'elle en est encore la plus magnanime, et conséquemment la plus digne de se gouverner par
ses propres lois.

Oui, voilà l'opinion qu'on aura désormais de
la France en Europe et partout, en dépit des efforts des misérables qui l'ont si lâchement calom-
niée auprès des puissances étrangères, pour justifier l'odieux despotisme qu'ils faisaient peser sur
elle. Comme citoyen je m'attendris, je pleure de
joie à cette idée ; mais je suis encore plus heureux
de penser aux droits que mon pays s'est acquis à
l'estime du monde en cette solennelle occasion,
que je ne suis fier du salutaire effroi que son éner-
gie inspirera nécessairement à ceux qui oseraient
nourrir le coupable espoir de le replonger dans
l'esclavage.

L'esclavage ! Il est désormais impossible d'y
réduire un tel peuple ; et les fauteurs de ce projet
absurde le sentent bien aujourd'hui, puisqu'ils

fuient éperdus et tremblans, poursuivis de la haine
nationale qu'ils ont si imprudemment provoquée.
Où vont-ils ces lâches qui ont pris leur haine du
nom français pour du dévouement à la monarchie, et leur stupide férocité pour de la bravoure?
Couverts comme ils le sont de notre sang , mais
traînant après eux l'ignominie de leur défaite ,
quelle assistance iront-ils mendier pour nous im-
poser de nouveau le supplice de leur présence ?
en quel coin de la France espèrent-ils transformer
en assassins des citoyens dont ils ont fait traî-
treusement égorger les parens ou les amis? en
quels lieux pourront-ils paraître sans inspirer le
mépris et l'horreur? sans provoquer sur eux les
haines les plus fortes et les vengeances les plus
terribles?... Qu'ils se hâtent de quitter le noble
sol qu'ils ont souillé d'aussi odieux forfaits ; qu'ils
partent, puisqu'ils ont réussi à dérober leur tête
au premier flot de la fureur populaire : leur supplice n'ajouterait rien à notre triomphe, et quoi-
que le monde entier ne pût qu'applaudir au terrible châtiment que nous avions le droit de leur
infliger , le monde admirera davantage notre modération , si nous dédaignons de répandre un sang
aussi abject. La générosité sied bien à la force
victorieuse , quand elle a désarmé ses ennemis ,
et qu'elle les a mis hors d'état de faire le mal.
C'est ce qui doit avoir lieu aujourd'hui à l'égard

de ces êtres pervers , dont l'existence pour beaucoup d'entre eux va devenir un fardeau bien lourd
à porter , eu égard au mépris , à l'exécration qui
ne peut manquer de les suivre en quelque endroit
du globe qu'ils puissent décider de finir leurs
jours.

Cependant comme la clémence d'une nation
ne doit pas s'exercer sur de pareils misérables sans
prendre les précautions nécessaires pour se mettre
à l'abri des effets de leur haine, il faut se hâter
de les mettre hors la loi pour qu'ils quittent au
plutôt le royaume. Cette mesure est indispen-
sable, non parce qu'on doit les redouter ; mais
parce qu'il faut ôter à la malveillance le prétexte
et la facilité d'inquiéter les esprits , de fomenter
des troubles , et d'allumer enfin les torches de la
guerre civile, dans un temps où nous avons besoin de vivre unis et de bon accord pour rétablir
notre prospérité commerciale qui souffre depuis si
long-temps de l'impéritie des hommes que Charles X avait mis à la tête des affaires publiques.
Mettons-les donc hors la loi, qu'on leur fasse en
même temps leur procès , qu'on les condamne à
mort, pour que la crainte qu'on exécute contre
eux ce juste arrêt les oblige enfin à sortir de
France ; que le gouvernement provisoire prenne
cette vigoureuse mesure, mais qu'il la prenne
promptement s'il veut rassurer les esprits sur l'a-

venir, et s'il veut surtout éviter qu'on le soup-
çonne de conserver lui-même des craintes qu'il
s'efforce pourtant de banir de nos cœurs en nous
groupant autour de lui.

Par là même raison encore il faut se hâter de
donner un chef à l'état, si l'on veut fermer l'abîme
de la révolution que la main victorieuse du peuple
a été forcé de rouvrir par le sentiment de sa propre
défense. Il ne faut pas à ce chef de titre équivoque
comme celui qu'on vient de conférer au duc d'Orléans. La lieutenance générale du royaume a
d'ailleurs toujours été trop fatale à la France pour
qu'elle doive se reposer avec quelque confiance
dans un provisoire aussi dangereux. Jamais les
factions ne furent si audacieuses et si sanguinaires
que sous les Guises, qui portèrent ce malheureux
titre, bien qu'ils fussent par eux-mêmes puissans
par les brillantes qualités qui les distinguaient et
l'immense popularité qu'ils s'étaient acquise.

S'ils ne réussirent pas à empêcher le mal qui
sourçoit autour d'eux, c'est que le pouvoir que
coufère ce titre n'équivaut jamais à celui d'un
roi, et que le monarque le plus faible est encore
mieux et plus promptement obéi que le lieutenant
général le plus en crédit. Il semble par l'acception que nous donnons dans nos idées à cet office,
qu'il ne doive être que temporaire et toujours présenter quelque chose de vague et d'indéfini comme

si nous entendions vouloir nous tenir constamment une excuse toute prête en cas de désobéis-
sance à des ordres qui pourraient blesser nos
amours-propres ou contrarier nos vues particulières.

C'est ce motif né d'un sentiment de défiance
souvent bien excusable qui a fait que Mayenne
n'obtint pas le titre de roi malgré l'appui de
l'Espagne, au temps où il était le plus chéri du
peuple et des grands de son parti. Ce fut aussi ce
qui fit que ce chef de la ligue pensa plus tard à s'ac-
commoder avec Henri IV sans beaucoup s'inquiéter de ce que deviendraient ceux qui subiraient
après lui la loi du vainqueur ; mais ces derniers
furent très-heureux que ce vainqueur eut autant
de générosité, de grandeur d'âme qu'il avait mon-
tré de courage sur les champs de batailles. Placez
Charles X dans les mêmes circonstances que ce
héros, et préjugez de votre sort par la différence
du caractère de l'un et de l'autre, et surtout par
celle de leurs actions.

Henri IV assiège Paris, et tout en voulant le
prendre par famine il ferme les yeux sur les
convois de farine qui se glissent dans ses murs :
âme généreuse s'attendrissant à l'idée des
besoins d'un peuple qui le haït cependant à la
mort et qui rêve à tous les moyens de le faire
périr. Charles X, sans d'autre nécessité que

celle de faire prévaloir le système de la plus
absurde tyrannie, fait égorger ce même peuple qui ne lui voulait d'autre mal que de le
voir s'astreindre au pacte que son frère avait ap-
porté en France, et que lui-même au pied des
autels de Rheims avait juré de toujours respecter.
Comparez et jugez; supposez son retour au milieu de vous et dites ce que vous pensez qu'il doive
faire des factieux qui ont osé se révolter contre
son autorité!

Croyez-vous qu'il ignore un seul de vos noms
et le degré d'exaltation auquel vous a monté
contre lui votre juste colère? Il vous sait tous
par cœur et ses tables de proscriptions sont
toutes dressées par le moyen des agens qu'il a
laissés ici pour vous surveiller. Ne soyez pas sur-
pris, l'événement arrivant, de reconnaître parmi
vos délateurs des hommes dont vous aurez peut-
être eu occasion de remarquer la hâte que vous
aurez pris pour l'ardeur du plus pur patriotisme,
vous les retrouverez au jour du jugement.

J'ai parlé de jugement, je crois, quelle folie!
un massacre général en tiendra lieu, mais un
massacre paré de tous les déhors de la clémence,
comme les fêtes qui précédèrent celui de la
Saint-Barthélemi. Ne pensez pas qu'ayant échoué
dans son projet il trouve à la leçon qu'il vient de
recevoir un motif suffisant de s'en désister et qu'il

commette, en le reprenant, la faute de manquer de précautions pour en assurer la réussite, il en prendra de telles que le plus clairvoyant de nous s'y trouvera pris tant il y aura de miel dans ses paroles et apparence de sincérité dans ses regrets. Pardon et oubli seront écrits sur ses drapeaux, extermination et haine éternelle le seront au fond de son cœur.

Ce n'est pas aujourd'hui, ce ne sera pas non plus demain qu'on parlera de négociations; on attendra quelques mois parce qu'il faut laisser aux esprits le temps de revenir de leur exaspération. D'ici à ce temps-là des bruits sourdement semés vous apprendront que Polignac a été tué par des habitans de la Beauce ou de la Brie, et que Peyronnet a péri en prenant le large dans une barque, pour courir après le paquebot de Londres ou de Porsthmouth; car je ne crois pas plus que de raison, au bruit de l'arrestation de ce dernier. S'il y a encore quelqu'un parmi les cinq autres ministres qu'on doive supposer vous paraître presque aussi odieux que ces deux-là; on saura également vous en débarrasser pour ne plus laisser de prétexte à votre fureur et pourtant! ces messieurs ne se seront jamais mieux porté.

Le moyen après cela de parler de haine et de vengeance quand la colère divine aura frappé ces grands coupables d'une manière aussi éclatante!

Le moyen de se défendre de l'attendrissement le plus électrique, lorsque les partisans du monarque, mais qui s'acquittent déjà de leur rôle en le blâmant plus haut que vous-mêmes, vous diront ses regrets et ses larmes, et le nombre des coups de discipline qu'il s'administre par repentir des cruautés que ces méchans conseillers ont commis en son nom sur son bon peuple de Paris qu'il a toujours si tendrement aimé !

D'ailleurs ce n'est pas pour lui qu'il en parle, désabusé comme il l'est des grandeurs de la terre, il n'aspire plus, nouveau Casimir, qu'à se retirer dans une autre Saint-Germain-des-Près, pour attendre tranquillement que le ciel lui fasse la grâce de le rappeler à lui ; seulement ce sera pour lui une grande consolation de voir son sceptre dans les mains de son fils, ce héros plein de vaillance que l'armée est fière d'avoir eu à sa tête... Ai-je dit à sa tête ? et qui cueillit sous ses auspices de si amples moissons de lauriers en Espagne. Où serait l'honneur de cette armée si elle osait désavouer le vainqueur du Trocadéro, en niant la possibilité d'une alliance avec un des complices des monstrueux assassinats qu'on l'a obligé de commettre aux noms des lois ? Non elle ne répudierait pas ce petit-fils du vainqueur d'Arques et d'Ivry, elle inclinerait d'autant plus vîte ses drapeaux devant lui, qu'elle sait bien qu'aux termes du plus absurde de

tous les codes ; elle ne peut jamais être délibérante
quelle est essentiellement et toujours automatique,
machine à ressorts , qu'on a droit de mitrailler ,
de briser , lors même que la raison de sa déso-
béissance est puisée dans des motifs d'humanité
auxquelles les peuplades les plus sauvages auraient honte de résister.. (1)

Les chefs , les grands chefs s'entend , se ren-
draient, et ceux qui donneraient leur démission
par honneur seraient bientôt remplacés par d'autres forces. Comme voilà les trésors d'Alger qui
vont arriver, à qui pourraient-ils mieux appar-
tenir qu'aux braves qui les ont conquis? On donnerait à pleines mains, car que coûte l'or à une tête
couronnée qui veut se venger, quand surtout elle
sait où reprendre cent fois la valeur de ce qu'elle
donne en telles circonstances? on donnerait donc,
et chaque nouveau don , regardé comme une garantie de plus de la sincérité de sa réconciliation
avec son peuple , ferait bénir aux uns et aux autres, surtout à ceux à qui adviendraient ces profits,
le jour de cette réconciliation.

---

(1) Cette brochure était faite bien avant que l'on connût
les abdications de Charles X et du Dauphin, mais la réserve
faite en faveur du duc de Bordeaux, laisse la question à-
peu-près dans le même état, en plus les embarras d'une
régence.

Mais celui de la réaction arriverait enfin , un peu plus tôt , un peu plus tard , il arriverait , rien n'est plus certain ; les libéraux ne sont pas moins haïs des royalistes , que les protestans ne l'étaient des catholiques du temps de Charles IX. Comme les protestans ils seraient exterminés au milieu des fêtes et des plaisirs de tous les genres , et le jour qu'on choisirait pour les *saigner*, suivant la noble expression de Tavannes , serait celui de leur plus complète sécurité ; et il n'en serait rien de plus pour la Cour de Charles X au sujet de cette boucherie des constitutionnels , qu'il n'en a été à la Cour de Catherine de Médicis pour l'extermination des trois cents mille huguenots qui furent poignardés dans l'espace de moins de trois jours sur les divers points de la France.

On trouverait bien par-ci par-là un vicomte d'Orthe dans certaines provinces , et qui déclarerait n'avoir avec eux que des soldats et pas un seul bourreau , mais encore ne voudrais-je pas m'y fier, les préfets dont on aurait eu soin de les munir étant assez bien choisis par la Cour pour n'avoir pas de pareils refus à en redouter. On en voit déjà un assez beau commencement de preuve dans la conduite de la plupart de ceux qui sont encore en place aujourd'hui , quoiqu'ils ne soient pas encore trempés comme ceux qu'on leur donnerait pour successeurs peu de temps avant ce coup de main. Je puis même ajouter que dans tous les cas le roi n'aurait pas grand chemin à faire pour trouver un Christophe de Thou, un premier président enfin, disposé à le louer de sa prudence, et à faire considérer ce massacre comme une mesure nécessaire pour prévenir l'effet d'une conjuration contre la famille royale; une Cour souveraine pourrait au besoin, comme le Parlement de 1572, flétrir la mémoire des victimes qui seraient tombés sous les coups des assassins. Il n'en serait que cela, rien que cela, car la terreur réduirait bientôt au plus complet silence ceux que le hazard ou des circonstances particulières auraient préservés de la mort; et quant à ce qui s'en dirait en Europe, la Cour aurait fort peu de motifs de s'en inquiéter, car bien certainement il ne viendrait à la pensée d'aucune puissance de lui déclarer la guerre pour nous venger, toutes devant se trouver fort aises qu'on eut affaibli l'état de cette manière, et leurs chefs considérant l'expédient comme un excellent usage pour eux-mêmes, à l'égard de ceux de leurs sujets qui s'avisent de trouver mauvais qu'on les gouverne par le bon plaisir.

Eh qu'on ne vienne pas me dire que nous n'aurions rien à craindre de toutes ces horreurs si Charles revenait parmi nous sans ses ministres, si j'entendais quelqu'un exprimer en ma présence et sur une place publique une pareille idée, je le ferais arrêter sur le champ , comme un traître, ou comme un fou, tant je regarderais comme dangereux la propagation d'une confiance aussi téméraire.

Les faits sont là , j'espère, pour justifier mes appréhensions et condamner au contraire une sécurité dont il serait d'ailleurs fort difficile de donner de bonnes raisons. Je puis me tromper, sans doute , je n'ai pas l'orgueil de me croire infaillible, mais malheureusement j'ai encore pour moi de ce côté le funeste avantage d'avoir prévu il y a quatre ans , ce qui arrive précisément aujourd'hui, et je l'ai même prévu année pour année; car dans l'ouvrage où j'en parle, et qui a pour titre : *Ombre d'Escobar* que les Jésuites ont Dieu merci assez persécuté, puisqu'ils ont réussi à me faire échouer dans les justes réclamations que je faisait contre mon imprimeur , M. Duverger, homme assez libéral pour s'être chargé de l'imprimer sur le refus de vingt-deux de ses confrères , mais trop jaloux de conserver son brevet, pour m'en délivrer les exemplaires après les avoir imprimés à plus de deux mille ; mais pour ne rien dire de ce qui touche mes intérêts particuliers, qui souffrirent cependant si fort dans cette affaire que j'en ressens encore aujourd'hui de la gêne, et pour ne parler que de ce qui a trait à ma prévision, je disais par la bouche d'Escobar de l'ordre duquel l'ouvrage entier conjuguait la conduite aux trois temps du passé, du présent et du futur, et ce qui est arrivé ces jours derniers était alors le futur, car cet opuscule est de 1826.

« Déjà le temps de faire un autre choix n'est « plus en ton pouvoir, c'est la guerre et la mort « que nous jurons à nos ennemis; la mort, il faut « qu'ils la reçoivent, ou nous la donnent; il « ne peut exister entre eux et nous ni paix, ni « trève, mais malgré tes efforts et ceux de tes « pareils, nous n'en poursuivrons pas moins le « cours de nos projets avec la plus forte espérance « de les voir réussir dans peu d'années... Avant « la fin de la quatrième, tous nos ennemis seront « perdus dans la poussière de nos pieds.... . « où ils auront cessé de vivre! Retiens ces paroles « prophétiques... Adieu, à cette époque si tu « existes encore, tes oreilles entendront d'étran- « ges sons dans les airs... Ce sera la voix de l'ai- « rain qui proclamera notre triomphe... Et qui « appelera la France et peut-être l'Europe à de « nombreuses funérailles».

Il est peut-être permis lorsqu'on a frappé si juste, d'avoir un peu plus de confiance dans son propre jugement que dans celui de raisonneurs de carrefour qui ne pensent d'ailleurs la plupart du temps qu'avec le cerveau d'autrui.

D'après les suppositions auxquelles je viens de me livrer, et qui auraient bien certainement l'affreux résultat que j'ai dit, si d'hypothèses que je les prends, elles se changeaient en réalités, je soutiens qu'il n'y aurait de quartier pour personne de ceux même qui croient avoir assuré leur avenir par la prudente circonspection de leur conduite dans ces circonstances orageuses. Audacieux et timides, il les frappera tous, car il est entré dans sa royale pensée, qu'il ne pourra bien gouverner, gouverner comme il l'entend, que quand il aura soumis au baptême de sang cette génération indocile et factieuse, qu'il considère comme infectée du virus de la révolution qui résiste si opiniâtrement au système de l'absolutisme.

La conviction de ces dangers est pour moi si profonde, que du jour que j'entendrai parler du moindre accommodement avec lui ou quelqu'un de ses descendans ; fut-ce même dans dix ans, je n'hésiterai pas à quitter la France ou à m'aller faire tuer par ses satellites aux portes de Paris pour lui en défendre l'entrée. Aussi comme ce n'est pas l'intérêt des lâches qui éveille en ce moment ma sollicitude, c'est à tous les hommes courageux que je m'adresse pour supplier avec moi le gouvernement actuel de nous sortir de cet état provisoire qui met en péril tant d'avenirs, tant de précieuses existences. Il faut qu'il cesse, et qu'il cesse promptement ; soyons républicains ou reconstituons la monarchie en nous choisissant un autre chef que celui qui nous a rendus nos sermens en trahissant les siens en quittant le titre de roi pour celui de notre bourreau. Mais quelque parti que nous prenions, prenons-le promptement. Craignons que l'étranger ne juge à notre hésitation que nous ne nous sentons pas assez forts pour soutenir ce que nous ayons fait ; craignons que de l'admiration il ne passe au mépris, et qu'il ne profite surtout de notre lenteur à nous accorder, pour prêter le secours de ses armes à nos tyrans. Les horreurs de la guerre civile et les dangers de la guerre étrangère, voilà ce qui nous est réservé, si nous tardons à nous prononcer : tous ces maux disparaissent et les criminelles espérances de Charles X cessent du jour que nous déclarons à l'Europe sous quelle dénomination nous entendons figurer sur la liste des nations. On nous connaît trop bien pour douter un instant que l'honneur, ce brillant mobile, auquel nous sacrifions tous si volontiers, ne nous rende capables des plus généreux efforts pour défendre ce que nous aurons créé, et croyez qu'au dedans comme au dehors, on y regardera à plus d'une fois avant que de se décider à nous attaquer.

Si ces grandes considérations vous paraissent

seulement l'expression du possible, elles doivent vous déterminer à presser avec moi le gouvernement provisoire de s'expliquer sur sa lenteur à prendre le caractère de positif, si nécessaire à notre tranquillité, les membres qui la composent craignent-ils donc plus que nous de s'exposer, que nous ne les voyons faire aucun acte qu'on puisse plus tard, en cas de réaction, leur reprocher d'avoir signé? Qu'il agisse donc, il est ici l'organe du peuple, et du peuple vraiment souverain qui a droit de se constituer comme il le veut, qui peut briser la Charte, ou élargir ses bases pour mieux y asseoir ses libertés, lui substituer une constitution toute neuve, si c'est son bon plaisir, se choisir des hommes dignes de sa confiance pour l'établir et en discuter les articles en sa présence ou en celle de ses mandataires. C'est au nom de ce même peuple dont il ne doit pas craindre d'être désavoué que le gouvernement peut déclarer la déchéance de Charles X et de sa postérité, le chasser du royaume, et mettre ses ministres hors la loi. Qu'il fasse donc pour nous cet acte d'autorité, et nous serons au moins assurés par là qu'il partagera notre fortune, qu'il périra ou triomphera avec nous.

Qui l'arrêterait? est-ce la Chambre des députés ? Mais nous pouvons, et conséquemment il peut la dissoudre en notre nom , ceux des membres qui la composent, s'ils sont des hommes intègres , courageux, franchement dévoués aux intérêts de la nation, ne doivent pas craindre de subir l'épreuve d'une nouvelle réélection. Ils ne la doivent pas craindre, car cette fois elle sera bien véritablement libre, puisqu'elle ne se trouvera souillée d'aucune influence du genre de celles qui nous valut à tant de reprises des esclaves du ministère.

D'ailleurs il faut bien remarquer une chose : entre un peuple placé dans des circonstances comme celles où nous sommes et une chambre constituée comme celle qui siége aujourd'hui au Corps-Législatif, il faut que l'explication soit nette , franche , et sans aucune arrière pensée.

Les élémens qui composent cette chambre n'offrent pas de garanties suffisantes à la situation critique où nous nous trouvons aujourd'hui. Elle est en très-grande partie composée de royalistes, qui ne vont pas vouloir traiter nos affaires comme elles ont besoin d'être traitées , ou qui exposeront nos intérêts en persistant à en retenir la conduite. Il faut que ces hommes disparaissent d'une enceinte où leurs devoirs de mandataires de la nation seraient nécessairement, et presque à chaque instant, en point de contact avec leurs opinions politiques, et plus encore avec les affections de leur cœur. Nous n'entendons pas leur faire un crime de conserver l'attachement pour Charles X , tout cou-

pable qu'il soit à nos yeux ; s'ils en ont reçu des
bienfaits il est assez juste qu'ils lui en conservent
de la reconnaissance; mais comme par le fait seul
de cet attachement à ses intérêts et à sa personne,
il ne peuvent sympatiser avec nous, il faut, je le
répète, qu'ils se retirent chez eux; et s'ils y veu-
lent vivre tranquilles en se soumettant à notre
constitution, à nos lois, ce ne sera pas nous qui
penserons à troubler les douceurs de leur repos.

On n'a pas assez fait attention à cette circon-
stance, que, par la manière dont avaient été faites
l'avant-dernière élection et celle qui l'a suivie,
les libéraux n'y pouvaient point être en majorité.
Ils en eurent seulement l'apparence par la défec-
tion des députés qui passèrent dans leurs rangs
par suite de la haine qu'ils portaient au ministère.
Comme la France partageait leur indignation, on
les a réélus, surtout ceux qui avaient signé l'a-
dresse. Ce sont de braves citoyens, j'en dois con-
venir ; mais il est plus qu'évident que, si le ministère eût été chassé par le roi, ils auraient quitté
notre bannière pour descendre s'asseoir parmi ce
qu'on appelle les purs royalistes, puisqu'ils se
seraient trouvés débarrassés des objets de leur
haine.

Maintenant je demande ce qui peut arriver d'un
mélange si hétérogène d'hommes d'opinions et
de principes si opposés à ce que notre nouvelle

position nous met dans la nécessité d'exiger. Aucun d'eux , par exemple , voudra-t-il sactionner l'exhérédation de Charles X et de sa famille au trône de France ? Je ne le crois pas; et cependant nous ne voulons pas , nous, entendre parler de ces gens-là ni de leurs prétendus droits, et cela par des raisons dont la moindre est le sentiment de notre propre conservation.

Voudront-ils confirmer au duc d'Orléans le titre de roi, s'il nous plaît de le lui donner, comme je vais même prouver que c'est notre plus grand intérêt de le faire? Non, encore une fois non , parce qu'il y a des scrupules de conscience où le cœur et l'esprit prennent part , et dont il n'appartient qu'à la conviction, fille du temps, d'endormir l'exigeance et de paralyser la voix.

Encore un coup, ces hommes-là doivent se retirer ou se donner franchement à nous , et, Dieu merci, nous serions bien peu digne de la liberté si , dans ce cas-là , nous les repoussions à cause de leur titre de royalistes, si nous trouvions, du reste, dans leurs vertus privées , dans la dignité de leur caractère, des garanties suffisantes à la manière dont ils pourraient vouloir remplir leur mandat de représentant national.

En preuve de l'embarras que je signale ici, admettez que se regardant comme légalement constituée et se prévalant de l'avantage de la majorité sur les libéraux , ils repoussent la déchéance de Charles X , aussi bien que le successaur que nous désirons lui donner, que ferez vous ?

Ses argumens seront ceux-ci, prenez-y garde. Vous avez reconnu la Charte et cette reconnaissance emporte de votre part une soumission implicite à ceux de ces articles qui subsistent encore aujourd'hui. La majorité fait la loi et vous devez obéissance à la loi. Or, celle que nous portons maintenant, rappelle le roi dans sa capitale et vous enjoint de l'y recevoir sans résistance. (C'est ce qui ne serait pas étonnant de la part d'une majorité royaliste). Ils ajouteraient , vous avez si bien reconnu que la Charte n'avait pas péri dans les sanglans combats que vous avez livrés aux troupes royales , que vous chargiez vos ennemis en la saluant de vos acclamations que vous répétiez ce cri en mourant, et qu'il fut encore pour vous celui du triomphe; c'était pour qu'on chassât le ministère que vous avez tiré l'épée ; le voilà disparu , rentrez vos glaives dans leurs fourreaux et saluez votre roi qui s'avance, escortez même la députation qui va lui porter vos excuses, on le croit assez clément pour espérer qu'il vous pardonnera.

Eh bien , que répondrez vous à cela, hommes inconséquens et irréfléchis, qui n'avez pas compris qu'après la victoire c'était vive la nation , ou vive la liberté qu'il fallait crier, puisque ce mot de Charte impliquait contradiction avec les glorieuses couleurs que vous aviez arborées et qu'on doit enfin préférer ; ce qui rappelle les Pyramides et Austerlitz, à ce qui ne se rattache qu'à d'humilians souvenirs, quoiqu'il s'y trouve encore un peu de gloire ?

Par la même raison qui vous donnait le droit de crier mort à la Charte et aux Bourbons, vous pouviez de même le conférer à votre gouvernement provisoire, pour qu'il dressât et publiât l'acte de cette énergique et légitime décision. La conséquence de cette première mesure eût été de faire savoir à la Chambre que tous les pouvoirs qu'ils tenaient de cet acte étaient anéantis avec lui, et l'on aurait sur le champ formé de nouveaux colléges électoraux, où tous les hommes éclairés auraient au moins le droit de paraître : on eût été certain alors de se trouver complètement représenté.

J'ai d'autant plus lieu de m'étonner qu'on ait commis tant et de si grandes fautes que les avocats n'ont pas manqué à ceux qui ont cru vouloir s'éclairer de leur avis, et s'ils l'ont fait, comme je n'en puis douter, que penser des motifs qui ont déterminé les conseillans et les conseillés à suivre une marche si contraire à celle que l'ordre naturel des choses exigeait même que l'on suivit pour rester dans les voies de la légalité.

Ces gens-là ont-il peur, veulent-ils répudier notre victoire et la regarder comme un sacrilége, ou pensent-ils déjà à faire particulièrement leur paix avec le despote en lui livrant nos têtes pour gages de leur fidélité? qu'ils le disent, et nous irons chercher la mort sur le champ de bataille, plutôt que de la recevoir ici de la main des bourreaux.

L'idée de cette lâche trahison fait bouillonner le sang dans mes veines. Une grande nation ivre de bonheur et de gloire, rajeunie de quarante ans en trois jours et qui compte s'avourer enfin en réalité les douceurs d'une indépendance dont elle est partout si digne de jouir, une telle nation serait ainsi vendue à ses cruels tyrans! Trente-cinq millions d'êtres pensants dans lesquels se développent chaque jours les germes de si nobles qualités, de sentimens aussi généreux et de talens aussi variés seraient sacrifiés à l'égoïsme d'une poignée d'hommes sans cœur et sans conscience!!!... Riego! Riego! je crois entendre ta voix traverser, gémissante la chaîne des Pyrennées pour m'avertir que les lâches sont toujours des traitres, et que ce n'est que par le supplice des braves qu'ils rachètent la faveur des rois, quand les révolutions les en ont tous momentanément séparés !

Eh bien, ce doute est trop affreux pour le laisser durer plus long-temps. Il faut qu'un chef

accepte avec nous sur-le-champ la responsabilité
des événemens ; un chef qui ne craigne pas de
frapper les grands coups d'autorité nésessaires à
la consolidation de nos droits.

Est-ce à Philippe d'Orléans que nous allons offrir
la couronne ; si c'est à lui, allons-y sans plus
de retard, parce que chaque heure porte avec elle
un événement qui peut être fatal à nos destinées ;
l'anglais trame peut-être déjà notre ruine avec un
émissaire de Charles X et obtient Alger en échange
de la promesse d'une flotte qui viendra désoler
notre littoral, pour avoir le sang de ses anciens
sujets à sa disposition. Que ne donnerait-il pas
avec Alger. Ses agens vont encore peut-être rappeler à Ferdinand que son cousin (les rois sont toujours consins quaud il s'agit d'égorger les peuples),
que son cousin de France est en passe de recevoir
une assistance toute pareille à celle dont il l'a lui-
même favorisé pour mettre ses libéraux à la raison. D'une autre part enfin ils peuvent avec de
fausses nouvelles sur notre situation allarmer
les départemens, écraser l'enthousiasme dans son
germe, et laisser à nos inquiétudes, à la stagna-
tion de nos affaires le soin de réfroidir notre ardeur pour avoir meilleur marché de nous, bientôt
après. Le péril est tout là, il n'est même que là ;
car la force des royalistes contre nous ne peut
être que celle de l'inertie, et cette force-là l'em-

porte bien souvent sur une force active , impétueuse , mais mal dirigée.

Puis donc que nous connaissons le moyen de porter remède à ce péril, et que nous sommes pénétré de la nécessité de faire vite pour bien faire, allons au duc d'Orléans, allons-y ; mais qu'il se dépouille au plus tôt de ce titre équivoque et plus qu'insignifiant de lieutenant général du royaume... du royaume de qui ? du peuple donc ; non, le royaume du peuple s'est toujours appelé république, et je ne vois pas la nécessité de changer cette dénomination fort exacte à tous égards pour lui en substituer une qui serait précisément toute contraire à son sens littéral. Eh bien ! lieutenant-général de qui si ce n'est pas de quoi ? du peuple encore ; eh non dans ce cas là quand le peuple se constitue en république et qu'il veut désigner l'homme qu'il met à la tête de ses affaires , il l'appelle président et non pas lieutenant ; mais il est rare qu'il ne se batte pas pour celui-ci ou pour celui-là au temps de la nouvelle élection de ce premier magistrat.

Et puis, écoutez que je vous dise, et je crois que vous pouvez vous fier à un homme qui depuis huit ans de résidence qu'il compte à Paris, n'a pas cessé de donner des gages de son dévouement aux généreuses idées de liberté qui font battre vos cœurs , puisqu'il ne puise lui-même ses inspirations qu'à sa source féconde toutes les fois qu'il écrit pour vous amuser. Soixante-quinze volumes de romans, dont plus des deux tiers sont historiques , et prodiguant toujours des re- proches aux tyrans et des leçons aux peuples pour briser leurs fers quand ils commencent à les trouver trop pesans ; ces raisons, et quelques au- tres encore , qui ajouteraient sans doute encore à votre confiance si je vous les disais , m'acquièrent dumoins le droit d'élever ma voix en cette occa- sion en faveur de votre intérêt , du mien si vous voulez encore , quoiqu'il ne soit rien , mais de celui de notre belle France qui est tout. Sauvez- là , sauvez là , pendant qu'on reconnaît encore votre souveraineté , ou que ceux qui la nient du fond du cœur, tremblent de vous la voir ressaisir s'ils s'avisaient de vous la contester.

Saisissez-là donc , et courez en confier l'exer- cice à un homme qui vous aura dumoins l'obli- gation de la lui avoir offerte , et s'il l'accepte, donnez la lui avec confiance. L'honneur , sa di- gnité , sa conduite parmi nous , sont autant de garans qu'il en saura bien user , et qu'il s'acco- modera avec vous sur le fait du partage de la li- berté , comme un père le fait avec ses enfans du gâteau qu'il lui ont donné à sa fête.

Si j'incline moi , écrivain libéral et ennemi implacable du despotisme et de l'hypocrisie, dis-je, je scuhaite qu'on transporte la royauté à ce prince, c'est qu'en vérité , à part les inconvéniens très-graves attachés aux élections du président des ré-publiques dont je viens de parler, la manière de vivre de ce prince lui est encore plus favorable que celle d'aucun homme dont j'aie jamais entendu parler.

Il est puissament riche et son ménage est réglé pour la dépense comme celui du plus simple par-ticulier, et ce n'est pas d'hier, on le sait, qu'il gouverne ainsi sa maison.

On a cherché à jetter de la défaveur sur cette économie qu'on a fort mal à propos jugée peu digne d'un prince du sang, comme si la grandeur d'âme était dans la prodigalité, ou comme si les prévisions d'un père qui veut ménager à ses enfans les moyens de tenir dans le monde le rang qui convient à leur naissance, n'étaient pas cent fois plus respectables que la ridicule manie d'éblouir les yeux des sots par le faste, surtout lorsqu'on en est si naturellement dispensé par l'éclat que projecte elle-même la haute position qu'on oc-cupe dans l'état.

Et d'abord jamais je n'ai entendu dire que la condition nécessaire au titre de Grand roi, dé-pendit de la richesse des habits ou de la somptuo-sité des repas. J'ai, au contraire, toujours vu dans l'histoire ancienne et moderne, que les princes adonnés au luxe avaient constament subi le joug de ceux qui pratiquaient la simplicité. Henry IV, quand il battait les généraux du somptueux Philippe ou de ce gros gourmand de Mayenne, portait des pourpoints troués et ne jouissait pas toutes les semaines des douceurs de la chemise blanche; et Napoléon, en dernier lieu, qui se connaissait aussi à battre l'ennemi, ne brillait pas non-plus par sa garde-robe ni par la splendeur de sa table. Mais pourquoi prendrais-je la peine de réfuter de si puériles objections qui transforment en vice ce qui est au fond la plus précieuse des vertus, chez les rois, après la justice.

D'ailleurs encore où voit-on sa parcimonie, si ce n'est dans ce qui ne regarde que sa personne, si tant est que cette prétendue parcimonie existe. Quant à moi qui ne juge les hommes que par leurs actions et surtout par les actions de la vie vie privée, appliquant cette régle au duc d'Orléans, dont je n'ai même jamais vu sa figure qu'en lithographies et en gravures, preuve assez bonne que je n'ai pas plus de raison de pencher pour lui, que pour une république, en considérant la simplicité personnelle du prince et les fréquens secours qu'il prodigue à tous les genres d'infortunes, depuis tant d'années qu'il est parmi nous; il me rappelle tout à fait cet avare après lequel criaient toutes les commères de son quartier, sur ce qu'il ne brûlait jamais une allumette tout d'une fois ; mais au nombre des pauvres qui vinrent à son convoi quand il mourut, et à la réalité de leur désespoir en suivant son cercueil ; on connut du reste les secrets motifs des économies journalières qu'on avait si sottement blâmées de son vivant : Je ne serais pas étonné que ce fut aussi là l'histoire du prince.

D'où viendrait en effet la popularité dont il jouit, si ce n'était de sa bienfaisance habituelle, de celle de sa femme et de ses enfans ; car bien qu'on dise à père avare enfant prodique, je crois pourtant qu'il se trouve des exceptions à ce proverbe, et si ces exceptions existent, on doit les rencontrer dans les familles nombreuses, comme celle de cet excellent père, où la crainte de se voir en trop grande disproportion de fortune, les uns à l'égard des autres retient les prodigues de trop dépenser, et fait rougir ceux qui sont portés à l'excès contraire, de s'y laisser entraîner trop avant-

. Au surplus, voilà des faits, et dans un écrit aussi bien que dans une discussion orale, ils ont la même force que des chiffres dans un livre de comptes bien tenu, il faut se rendre à leur résultat. Le prince est bienfaisant par caractère, et ne l'a jamais été par calcul, non, parce que les hommes de ce rang quand ils sont ambitieux et qu'ils possèdent une grande fortune, ne s'amusent pas à cultiver quinze ans la faveur populaire qui n'a le plus souvent que des bénédictions à donner en échange des bienfaits qui soulagent sa misère, ils la recherchent pendant un an ou deux, mais au lieu d'attendre l'occasion, ils la font naître. L'or la fait surgir ; elle éclate ; le spectre sanglant des révolutions vient marquer ses victimes, il laisse ou entraîne celui qui a osé l'évoquer, suivant qu'il a bien ou mal pris ses sûretés pour éviter ce terrible choc ; mais dans tous les cas, soit qu'il triomphe ou qu'il succombe, il ne manque jamais de monde pour assister à son intronisation ou à ses obsèques.

J'ajuste, pour finir, qu'en se déclarant, comme il l'a fait, le Mécène du luth harmonieux des malheurs des Hellènes, de M. C. de Lavigne enfin, dont la droiture du cœur et la noble aménité de caractère sont bien plus surprenans encore que son immense talent, il a prouvé qu'il savait choisir les hommes, et c'est un tact qui n'est pas aussi commun que certaines personnes se l'imaginent. Napoléon le possédait au plus haut degré, et il lui fut plus redevable de sa gloire qu'aux connaissances positives qu'il avait acquises dans les écoles et appliquées sur les champs de bataille, et il le savait bien lui-même, qoiqu'il eût encore meilleure opinion de son intelligence que de celle des hommes qu'il s'adjoignait. Le malheur était qu'il avait le cœur trop sec et la tête trop occupée pour voir autre chose en eux que des chiffres. Le duc d'Orléans n'est pas de même ; ceux qu'il honore de sa protection jouissent bientôt de toutes les douceurs de son intimité, et c'est quelque chose qu'un cœur de prince qui sent le besoin de chercher des amis dans des hommes de mérite de l'ordre de celui de l'auteur des *Messéniennes ;* et puisque lui-même se complaît dans la société du prince, c'est encore une présomption bien favorable à l'idée que j'émettais tout à l'heure que nous ne saurions nous choisir pour roi un meilleur homme, car le cœur qui a pensé le *jeune diacre* doit être bien délicat en amitié : je parie qu'il ne serait pas volontairement resté deux heures auprès de Napoléon.

Ainsi donc, je le répète, la couronne à Philippe d'Orléans si nous voulons recouvrer notre sécurité, et ne plus avoir sous les yeux l'affligeant spectacle des combats des ambitions toujours mesquines des particuliers qui s'accusent, qui se trahissent, qui se vendent, et qui finissent par vendre les autres avec eux-mêmes, pour arriver à la place la plus commode pour sangsurer le pauvre peuple. Un d'Orléans, bon ménager, aimant la justice par-dessus le marché, comme le prince de son nom qui mérita celui de *Pater populi,* grâce au même défaut qu'on reprochait à celui-ci... Sans préjudice pourtant à une riche et bonne constitution telle qu'aucune tête couronnée ne puisse jamais être tentée d'y porter atteinte, n'est-ce pas cela qu'il nous faut? Et comme le dit la chanson , devons-nous en demander davantage ?

Vive la liberté dans son acception la plus franchement étendue. Vive la nation qui l'a conquise, et qui sans doute saura la défendre ; et vive Louis-Philippe d'Orléans, roi de France par la grâce du peuple français. Mais surtout point de provisoire.

Ce dernier vœu s'est accompli avant que cette brochure, retardée par mon imprimeur, ait vue le jour. La Chambre des Députés vient d'offrir la couronne au Prince, que le vœu du peuple lui désignait. Je suis fort aise du résultat si bien d'accord avec mes souhaits particuliers ; mais comme citoyen, je ne puis m'empêcher d'exprimer mon regret que la Chambre ne se soit pas occupé simultanément de présenter de l'autre main une constitution plus appropriée aux besoins de la nation, que cette série de modifications insignifiantes apportée à une Charte qu'on devait croire anéantie avec le gouvernement de Charles X. Si le Prince, comme j'aime à le penser, nous octroie la liberté à la manière que nous l'entendons, et telle qu'il nous juge lui-même digne d'en jouir, ce sera un bienfait dont nous lui serons redevables. Mais pourquoi faut-il que nos représentans nous dispensent par leur conduite de ne pas leur en avoir l'obligation? Le pacte social, s'il reste tel que l'ont arrangé ces Messieurs, réduit encore à l'ilotisme, les hommes éclairés qui ne paient pas le cens, et sous beaucoup d'autres rapports il ne présente pas plus de garantie que l'ancien. Il sera tout aussi facile que devant d'en éluder les dispositions à qui voudra faire du despotisme ; c'est une crainte qu'on ne peut éprouver avec un roi du caractère de celui qui va nous régir aujourd'hui ; mais les hommes passent et les choses restent. C'est ce dont auraient dû se souvenir nos législateurs qui semblent n'avoir travaillé que pour le temps qu'ils devront rester au pouvoir : la raison de ce résultat, qu'on peut appeler anti-national, vient de ce qu'il n'ont pas eu la conscience de se retirer d'eux-mêmes pour se soumettre à des chances d'une nouvelle réélection. Mais pourtant qu'est-ce que les bons citoyens auraient risqué à le faire ? L'opinion publique n'aurait pas manqué de les reporter à leur place ; les hommes douteux, ou ceux qui n'auraient pas présenté de suffisantes garanties au peuple, auraient été exclus. Qu'on me dise, où eût été le malheur ?.......... En voyant une chose aussi déplorable on est presque tenté de regretter le Provisoire.

Imprimerie de Marchand Du Breuil, rue de la Harpe, n° 90.